ABGRÜNDE

ISBN 978-3-936740-81-3

Klettercartoons & Rockcomix von Sebastian Schrank, Schorsch Sojer und Erbse Köpf

mit Texten von Peter Brunnert

PANICO ALPINVERLAG

Zeichnungen: **Sebastian Schrank, Schorsch Sojer, Erbse Köpf**
Abbildungen auf den Seiten 6, 7 und 9 mit freundlicher Genehmigung
des Alpinen Museums des DAV, München
Texte: **Peter Brunnert**
Layout: Achim Pasold, Dominik Schmid

1. Auflage 2011
ISBN 978-3-936740-81-3

Panico Alpinverlag
Gunzenhauserstr. 1
D-73257 Köngen
Tel. +49 (0) 7024 82780
Fax +49 (0) 7024 84377
Email: alpinverlag@panico.de
www.panico.de

printed: Druckerei & Verlag Steinmeier GmbH & Co. KG
Gewerbepark 6
D-86738 Deiningen
Tel. +49 (0) 9081 29640
Fax +49 (0) 9081 296429
Email: info@steinmeier.net
www.steinmeier.net

Editorial

Blick zurück

... „Wollen die Herren aufs Joch?" – „Versteht sich!
... Warum?" – „Der Steig gangat halt da links' nauf!"
„Das ist kein Steig für uns – auf dem kann jeder 'nauf!"
Aus „Die Bergkraxler"
Verlag Braun & Schneider, München

„Klettercomics vor unserer Zeit? Nein, dazu war das Bergsteigen damals doch viel zu ernst! Das hätte sich keiner getraut, das wäre ja so was wie Majestätsbeleidigung gewesen – Alpinblasphemie quasi. Aber ich frage noch mal schnell den Höfler Horst, der ist das lebende alpine Lexikon und weiß bestimmt mehr als ich."
Keine zehn Minuten später klingelt das Telefon. Andreas Kubin, immerhin seit satten 24 Jahren Chefredakteur beim „Bergsteiger" und eine echte graue Eminenz in Sachen Bergliteratur, ist am Apparat und hat sich schlau gemacht. Dass es in der DAV-Reihe „Alpine Klassiker" einen Band „Alpine Karikaturen" gab, ist ihm noch selbst eingefallen, aber der Höfler Horst – Mann, der hatte das Wesentliche natürlich gleich präsent. Etwa, dass schon der Akademische Alpenclub in München in seiner Kneip-Zeitung in den 1930er Jahren immer humorige Zeichnungen vom Bergsteigen drin hatte. Und dass Andreas und ich den Samivel nicht kannten, scheint wohl eine echt tiefe Wissenslücke zu dokumentieren. Auch der Versuch, sich mit „Samivel ist ja nur der Künstlername" herauszureden schlägt fehl, denn wenn ich ehrlich bin: Paul Gayet-Tancrède sagt mir genau so wenig.

Karikatur, Cartoon, Comic – was spontan zu den eher modernen Formen der Zeichnerei gezählt wird, hat Wurzeln, die bis in die Antike reichen: Satirische Zeichnungen und Bildgeschichten finden sich auf griechischen Vasen und ägyptischen Wänden. Auch im Mittelalter waren Schmähbilder ein gern benutztes Mittel, Andersgläubige der Lächerlichkeit preis zu geben. Die Karikatur (engl.: Cartoon) im heutigen Sinne – als bewusst übertriebene Darstellung oder als gezeichneter Witz – fand ab Beginn des 19. Jahrhunderts Eingang in die Zeitschriften. Häufig erläuterten kurze Texte den Bildinhalt, oder die Dialoge der Protagonisten wurden unter das Bild gedruckt, wie bei der nebenstehenden Zeichnung „Die Bergkraxler" (Verlag Braun & Schneider, München).

Rasch entwickelte sich die Karikatur zum beliebten Mittel, um an den politischen Umständen Kritik zu üben, mit dem Mittel der Zeichnung mehr Meinungsfreiheit und soziale Gerechtigkeit zu fordern. In der zweiten Hälfte des 19. Jahrhunderts erlebte die Karikatur eine erste Blütezeit und machte irgendwann auch vor dem Alpinismus nicht Halt. Kein Wunder: Sich absolut freiwillig und noch dazu völlig unsinnig de Gefahren des Gebirges und den Schindereien des Bergsteigens auszusetzen, rief beim normalen Bürger an sich schon spöttisches Lächeln hervor. Trotzdem dauerte es erstaunlich lange, bis 1876 die „Neue Deutsche Alpenzeitung" erstmals eine Karikatur publizierte. Nun ja – vielleicht ist der Berg ja wirklich eine besonders ernste Sache.

Nicht alle Themen der frühen alpinen Karikaturisten wären heute noch offenkundiger Quell der Belustigung. Mit dem britischer Bergsteiger-Snob, der sich seine Erstbegehungen am Seil einheimischer Führern holte, hat der moderne Kletterer nichts mehr gemeinsam, das vormals anarchisch anmutende „führerlose" Steigen ist der Normalfall. Auch der Konflikt zwischen Flachlandtirolern und richtigen Berglern schwelt – dem Wohl eines blühenden Tourismus geschuldet – nur noch unterschwellig. Und der Kraxelmacho, der das schwache Geschlecht auf den Gipfel zieht, ist angedenk von Ines Pappert oder Angela Eiter nur noch peinlich.

Andere Themen dagegen sind heute noch genau so aktuell wie vor 100 Jahren: Eitelkeit, Ehrgeiz und Selbstüberschätzung etwa. Klassische Motive für ruhmreiche Tage am Fels und Berg, aber auch Auslöser epischer Dramen. Und natürlich die ewig und stets kontrovers diskutierte Frage nach dem richtigen Klettern, wie die in der Kneip-Zeitung des AAVM 1911 erschienene Zeichnung des bekannten Bergmalers Ernst Platz zeigt.

Ganz offensichtlich: Es gab ein lustiges Zeichnen im alpinen Genre vor Schrank, Sojer und Köpf, und doch hätte ich Andreas` spontane Antwort voll unterstützt: „Klettercomics vor unserer Zeit? – nicht dass ich wüsste." Schiere Unwissenheit oder maßlose Selbstüberschätzung (... vor unserer Zeit war: Nichts!)? Woher diese offensichtliche Irrmeinung der alpinen 68er?

Die Antwort ist – wie immer – multifaktoriell. Neben den beiden schon aufgelisteten Gründen wäre da zum einen der Inhalt der Zeichnungen. Bis in die 1970er Jahre waren Bergsteigen und Klettern untrennbar verknüpft. Klettern galt gemein hin als die schärfste Form des Bergsteigens und falls es Kletterer gab, die nicht auf Berge stiegen, fehlte ihnen zu diesem Mangel auch noch der Mut, sich mit ihrer Abartigkeit zu outen. Es bedurfte erst des Selbstverständnisses des Kletterns als eigenständiges Thema, um überhaupt einen Klettercomic zu zeichnen. Hatten die Karikaturisten bis dato kletternde Bergsteiger abgebildet, zeichnete Sebastian Schrank Kletterer. Die sich – wie sein Comic Held Ron E. Bee – obendrein auch noch über das richtige Bergsteigen lustig machten.

Zum anderen ist der Zeichenstil, den man heute mit den Begriffen Cartoon und Comic assoziiert ein anderer als jener, dessen sich die Künstler des 19. Jahrhunderts bedienten. Waren ihre Protagonisten noch weitgehend realistisch dargestellt, ihr Tun und die dazu gestellten Texte für die Botschaft der Zeichnung unerlässlich, überspitzt der moderne Comic-Zeichner seine Models vermeintlich bis zur Unkenntlichkeit, während diese mit jeder Reduktion auf ihre essentiellen Attribute gleichzeitig um so prägnanter werden. Samivel braucht für das heillose Chaos seiner Seilschaft keine Worte – deren Probleme erschließen sich auf den ersten Blick.

Ganz sicher waren es mehr als drei Leutchen, die sich dem Phänomen „Klettern" in den letzten 30 Jahren im deutschsprachigen Raum zeichnerisch angenommen haben. Aber nur den vorgestellten drei Zeichnern ist es mit Kontinuität und einem jeweils ganz eigenen Stil gelungen, sich dauerhaft als „Klettercartoonisten" zu etablieren. Die zu denen gehören, die ihren Lebensunterhalt damit bestreiten – Zeichenprofis eben.

Bereits 1995 veröffentlichte Panico zwei schmale Bändchen: Georg Sojers „Alpine Cartoons" und die „Rock Comix" von Sebastian Schrank. Jeweils eine kompakte Werkschau, auf deren Inhalte wir auch im vorliegenden Buch zurückgreifen. Ein Jahr später erschien dann mit „Sauber on Sight" der erste von inzwischen sechs Erbse-Comics – die Reihe entwickelte sich im deutschsprachigen Raum inzwischen zu einer Art Synonym für Klettercomics. Aber auch mit den zwei anderen Autoren blieben wir verbunden: Aus Schorsch Sojers Feder stammen die exzellenten Topos unserer beiden Kletterführer für den Wilden Kaiser, und Sebastian Schranks kongeniale Illustrationen trugen nicht unerheblich zum Erfolg der beiden Lehrbücher „Sportklettern" und „Sicher Sichern" bei.

So lag es zwingend auf der Hand, dass ein die DAV-Ausstellung „Abgründe" begleitendes Büchlein über die drei Zeichner bei Panico erscheinen würde. Dass Peter Brunnert dann noch die verbindenden Texte schrieb, ist das Sahnehäubchen auf drei lecker fetten Tortenstücken.
Guten Appetit dabei!

Achim Pasold, Panico Alpinverlag
2011

Prolog

Jetzt gehts los

Bergsteigen ist vielfältig geworden, und auf manche der neueren Spielarten trifft die Ausgangstätigkeit (... auf Berge steigen) nur noch sehr bedingt zu. Um im Bild des gern zitierten vielgliedrigen „Baum des Alpinismus“ zu bleiben: Einige der frischen Äste sind schon so stabil, dass man daran Klimmzüge machen kann – andere kommen einem so aufgepfropft vor wie Orangenbaumzweige an einem Eichenstamm.

Allein am Ast des Kletterns wachsen inzwischen etliche Zweige, an denen unsere drei Zeichner so gerne herumzupfen wie ihre kletternden Protagonisten. Diese verschiedenen Spielarten der vertikalen Kunst gaben dem Büchlein schon fünf Themen vor: Alpinklettern, Sportklettern, Bouldern, Hallenklettern und Eisklettern.

Vier weitere Kapitel ergaben sich bei der Sichtung der schier unermesslichen Mengen an Zeichnungen und Themen schlussendlich auch wieder fast von selbst:
Welche sinnlose Diskussion bringt nach einem anstrengenden Klettertag jede noch so schweigsame Runde wieder auf Trab? Richtig: die über den Schwierigkeitsgrad.
Was war vormals Kletter-worstcase, heute am Fels tagtägliche Realität? Der Sturz.
Dann natürlich die allgegenwärtige Bedrohung des Klettersports: der Naturschutz.
Und abschließend der vermeintliche Untergang des Bergsports überhaupt: die Frau.

Voila!

WO WIRD DAS ALLES HINFÜHREN ?!

VON WEGEN IMMER HÖHER, IMMER WEITER! DIE ENTWICKLUNGSGESCHICHTE DES KLETTERNS LEGT NAHE, DASS DIE ZUKUNFT DEN ZWERGEN GEHÖRT ...

Alpinklettern

ab dem Tal Ungemach

Der Entschluss, Bergsteiger werden zu wollen, fiel bei mir 1972. Bergsteiger sein hieß damals: Man trainiert im Klettergarten und zum richtigen Klettern fährt man in die Alpen. Die Erinnerung an diese Zeit erfüllt mich stets mit einer Mischung aus Erstaunen und Entsetzen. Darüber, was ich als Fünfzehnjähriger damals so normal fand und mit welcher Großzügigkeit das Schicksal mich trotz katastrophaler Fehler vor einem frühen Ende bewahrte.

Machen wir uns nichts vor: Alpines Klettern ist auch heute noch saugefährlich. Damals, in der kargen Zeit von Brustgurt und Normalhaken, erst recht. Als pubertierender Knabe fand ich es natürlich richtig toll, so verwegen mit meinem jungen Leben spielen zu dürfen. Was mich aber wundert, ist, dass ich die eigentlich problematische Seite des alpinen Kletterns damals nicht wahrnahm: die Unbequeme. Mal abgesehen von den (meinem arg alpenfernen Wohnort geschuldeten) strapaziösen Anreisen mit der Bundesbahn oder in überladenen Kleinwagen, begann das Ungemach des alpinen Kletterns ja schon im Tal. Absurd schwere Rucksäcke mussten zu überfüllten Hütten geschleppt werden, dort wurde man mit miserablem Essen verköstigt, und, nachdem man besoffenen Spießern angewidert beim Bergliedergröhlen lauschen musste, zur Nacht in inakzeptable Massenlager verbracht, wo man vor Gestank und Geschnarche kein Auge zutat. Was aber nicht schlimm war, da es am nächsten Morgen – na klar – regnete, so dass man eh nicht klettern konnte.

Am zweiten Abend soff und sang man dann mit, stand daher am andern Tag zu spät auf und wurde, da man die letzte Seilschaft in irgendeiner grausigen Bruchtour war, den ganzen Tag über von den Leuten mit Steinen beschmissen, deren Lieder man zwei Tage zuvor noch zum Kotzen fand.

Ich mache das übrigens heute nicht mehr.

ALPINE GEFAHREN ...
HEUTE, MIT EINEM GEWISSEN ABSTAND, KANN ICH SAGEN, ES WAR EINER DER SCHWÄRZESTEN TAGE IN MEINEM LEBEN ALS BERGSTEIGER ...
WIR WAREN VIEL ZU SPÄT DRAN – ERST AM MITTAG HATTEN WIR DIE HÜTTE ERREICHT ... UND DIE BEDINGUNGEN WURDEN IMMER MISERA-BLER ...
ICH HAB NOCH GESAGT: JUNGS, DAS HAT DOCH KEINEN SINN, HEUTE ...
JA UND DANN? ..
NA, DANN IST DIE KOMPLETTE JUNGMANNSCHAFT DER SEKTION ABGESTÜRZT ...
JESSES!
JESSES!
ABER ... DAS IST JA GRAUEN-HAFT!!
WAHRLICH.
UND WIE KONNTET IHR DAS ÜBER-LEBEN?
MIT'N PAAR SCHACH-TELN ASPIRIN AM NÄCHSTEN TAG.

Neulich in der Micheluzzi

Die Standplatzsuche in den Dolomiten gestaltet sich trotz meist spärlicher Ausstattung mit fixem Hakenmaterial in der Regel recht einfach.

Sportklettern

Nervenkitzel mit Vollkasko

Seit Urzeiten wird über die ja eher akademische Frage gestritten, ob denn Klettern mehr als Sport sei, oder nicht.
Die Tatsache, dass man mittlerweile richtiges Klettern (besser bekannt unter „real climbing") und Sportklettern unterscheidet, ist der Beweis, dass die Frage mit einem eindeutigen „Ja!" zu beantworten ist. Und ganz klar: Ich liebe „real climbing"! Also zumindest auf Videos. Ich ergötze mich erschaudernd an diesen herrlichen englischen Gritstonefilmchen, in denen die Protagonisten reihenweise Horrorstürze in wackelnde Keile performen und sich hinterher grinsend das Blut aus dem Gesicht wischen. Ich bewundere die Favresse-Jungs, wie sie in Grönland aus grasigen Rissen mit Möwen um die Wette scheißen und ihnen abends aus dem Portaledge „What shall we do with the drunken sailor" vorsingen. Das ist das wahre Klettern!
Dafür gibt's dann auch schon mal den Piolet d'Or.

Jürg von Känel hingegen – Gott hab ihn sicher – hätte man zu Lebzeiten für seine opulenten Bohrhaken-Gelage maximal den goldenen Hasenfuß verliehen. Obwohl die Nachfrage nach Plaisir, Fun, Spaß und Belustigung ungebrochen ist.
Kürzlich hörte ich an meinem Lieblingsfels von einem Hallen-Küken die Bemerkung, die Route sei „schlecht geschraubt".
Stimmt schon, wir schrauben uns beim Sportklettern die Realität zurecht, bis es passt. Die Hakenabstände nach DIN-Norm, gemulchte Wandfüße, und Metallschilder mit der Rufnummer des lokalen Rettungsdienstes an den Einstiegen. Ein bisschen Nervenkitzel? Klar, gern, aber bitte mit Vollkasko!
Erbärmlich.

Pling! Oh, ich bekomme gerade eine Mail mit der Buchungsbestätigung meiner Ferienwohnung für den Sportkletterurlaub in Südfrankreich. Musste das ausgerechnet jetzt sein?

UAAAAAA
Ja Ron! Und jetzt DYNAMO!
fuchtel
strampel
Der Dynamo war gut...
... nur die Richtung war falsch!

ABER ICH MUSS JA WEITER ...
FAKK ...
WIE SOLL DENN DAS GEHEN ?!? ...
RUCK-ZUCK SIND SPASMUS UND TREMOR ZURÜCK
DIE ABER KOSTEN KRAFT.
UND SO:
SCHEISSE
ICH KANN NIX MEHR LOSLASSEN!
ÄCHZ
ICH KANN NICHT KLIPPEN!
LOS KOMM! GREIF' IN DIE LASCHE ...
UM GOTTES WILLEN NEIN TU'S NICHT!
JAU!
NE......N
FRIEMEL
POPEL
...
!!
NE...
DAS IST WIE IN DER WIRTSCHAFT: KURZFRISTIGE ERFOLGSSTRATEGIEN GEHEN ZU LASTEN DER NACHHALTIGKEIT ...
GNIIIIIEEEEE
RETURN TO COVER

PANICO
Erbses Klettercomics Band 6
WEGGEFATZT

Bouldern

Reduktion auf die Quintessenz

Wer gehofft hatte, das Bouldern würde als Modetrend-Drops genau so schnell gelutscht sein wie Röhrenjeans oder Tiffany-lampen, sieht sich getäuscht. Bouldern ist präsenter denn je, und überall lese ich von irgendwelchen völlig bedeutungslosen, mühsam vom Moos befreiten Blöckchen irgendwo im hintersten Zillertal, an denen es irgendwer geschafft hat, sich ein paar Sekunden festzuhalten.

Die Boulderer indes werden nicht müde zu propagieren, im Bouldern sei all das vereint, was Klettern ausmacht und bemühen so verquaste Begriffe wie „reinste Form" oder „Quintessenz". Ich kann das nur schwer beurteilen, da ich mittlerweile ein Alter erreicht habe, in dem die eigene Endlichkeit in den Blick gerät und man sich fragt, ob das Leben nicht zu kurz ist, um es mit solch einem Quatsch zu verplempern? Für mich ist Bouldern, ich sage es frei heraus, die Quintessenz der Belanglosigkeit.

Aber es liefert natürlich mit Abstand die drolligsten Bilder: Die durch Wälder torkelnden Mattenobelixe, die fleißigen Putz-kolonnen mit ihren pittoresken Reinigungsgeräten, das wilde Rumgeschnappe und -gehopse, das Geschrei der bemützten Cheerleader und natürlich die bizarrste Absurdität, die das Bergsteigen je hervorgebracht hat: den Sitzstart.
Ich käme mir wenig wertvoll vor und scheute zudem die Peinlichkeit der Anmutung, wenn ich mich vor einem dieser Miniblöckchen auch noch auf den Boden setzte, bevor ich mit dem Klettern begönne. Ich, der Homo sapiens, der sich 200.000 Jahre Entwicklung auf den Buckel geladen hat, das Rad und die elektrische Zahnbürste erfunden hat, soll vor diesem Klumpen auf dem Boden kriechen wie ein Quastenflosser? Nein! Stattdessen werde ich erhobenen Hauptes lächelnd an ihm vorübergehen.

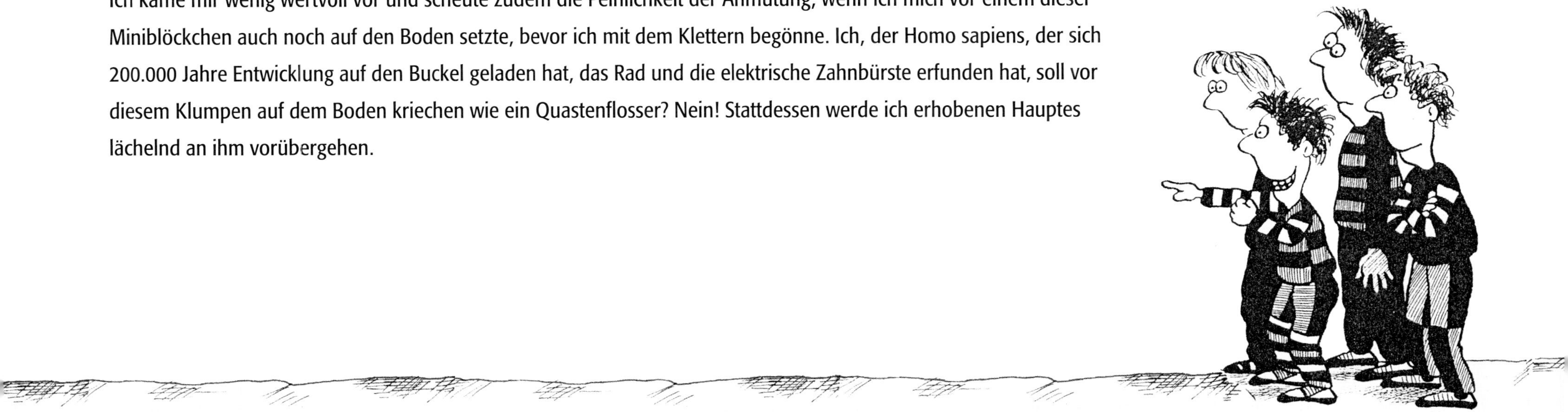

DAS GUTE IST, DASS MAN ZUM BOULDERN FAST NIX BRAUCHT!

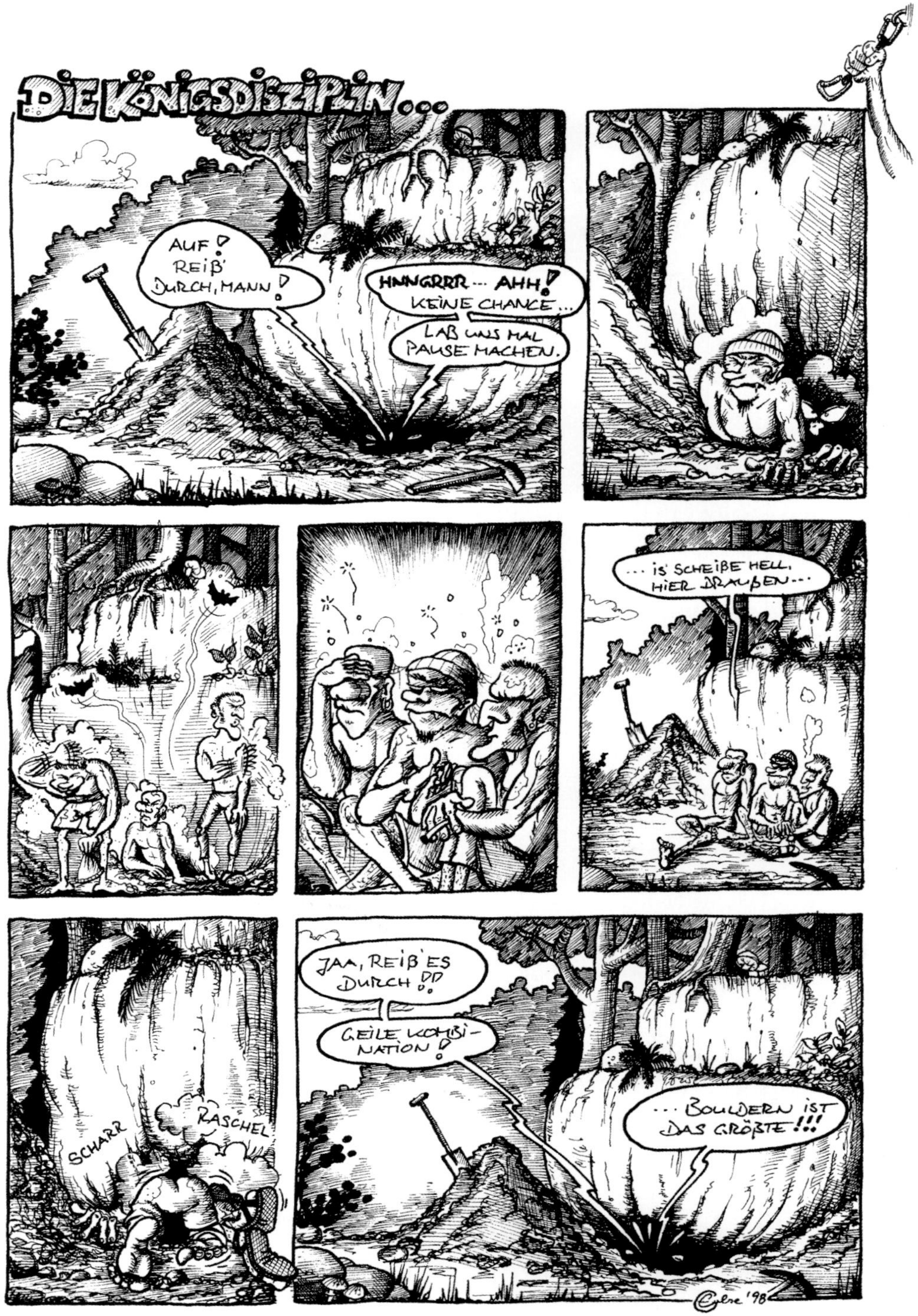
DIE KÖNIGSDISZIPLIN...
AUF! REIß' DURCH, MANN!
HNNGRRR... AHH! KEINE CHANCE...
LAß UNS MAL PAUSE MACHEN.
...IS' SCHEIßE HELL HIER DRAUßEN...
SCHARR
RASCHEL
JAA, REIß' ES DURCH!?!
GEILE KOMBI-NATION!
...BOULDERN IST DAS GRÖßTE!!!

Neulich in der Wohnküche

Irgendwie hatte ich mir das anders vorgestellt, als ich zu ihm sagte, er solle sich doch zuhause eine ....

Sebastian Schrank

geboren 1958 in München
verheiratet mit Heike, vier Kinder: Thomas, Tobias, Julia und Isabella, Cartoonist und Illustrator.

Würde auf die einsame Insel vielleicht Ernst Jüngers Heliopolis mitnehmen, fürs Ohr ein wenig Klassik (oder doch Klassik Rock von Deep Purple?) und natürlich seinen Hund Lula – den kann man doch nicht allein zuhause lassen!

Fragt man Schorsch Sojer oder Erbse Köpf, wer sie in ihrem Zeichnen beeinflusst hat, dann fällt neben vielen großen Namen der Kunstgeschichte schnell auch der von Sebastian Schrank. Er war der Erste der drei, dessen Arbeiten seit den späten 1970er Jahren regelmäßig publiziert wurden – wer auch nur hin und wieder in irgendein alpines Hefterl schaut oder seine DAV-Mitteilungen einigermaßen aufmerksam durchblättert kommt an Sebastian Schranks Zeichnungen nicht vorbei.

Allerdings sollte man Schranks Arbeiten möglichst schnell nach der Publikation zu Gesicht bekommen. Beim Zeichnen ist Sebastian bekennend altmodisch: Gezeichnet wird von Hand, verschickt werden keine digitalen Daten sondern die Originale, und die sind zum großen Teil so endgültig vom Kunstmarkt verschollen wie Amédéo Modiglianis „La femme à l'éventail". Eine solch große Zahl an Arbeiten wie bei der DAV-Ausstellung „Abgründe" wird man zusammen wohl nicht mehr zu Gesicht bekommen. Nun ja: Alles ist vergänglich, und bedrucktes Papier sowieso.

Sprichwörtlich ist auch Sebastian Schranks Bescheidenheit. Jegliches Aufhebens um seine Person ist ihm unangenehm. Wittert er Rummel, wird auf Funkstille umgeschaltet, ein Interview mit Kim Jong-il ist entschieden leichter zu bekommen. Das bisschen, was man über ihn wissen soll, entscheidet er gerne selbst. Und um ganz sicher zu gehen, schreibt er es auch selbst - von Hand versteht sich. Und natürlich auf gar keinen Fall ohne Illustration, wie die folgenden Seiten belegen.

Ausgelassene Freude nach getaner Tat.
Große Felsfahrten in den Dolomiten haben ihren ganz eigenen Charakter.

Sebastian Schrank durchlief die übliche Karriere eines erfolgreichen Extremkletterers jener lang vergangenen Zeit, als noch Walter Pauses Standardwerk „Im extremen Fels“ die Richtung vorgab. Klettergärten waren von München so weit weg wie das Gebirge und allenfalls zweitrangiges Trainingsziel. Wenn irgendwie möglich gings ins Oberreintal, in den Kaiser, die Berchtesgadener und wenn ein langes Wochenende anstand in die Dolomiten. Wenn nötig auch mit dem Fahrrad: ohne Gangschaltung, aber mit viel Gepäck. Ende der 1970er Jahre bildete er mit seinem Bruder Andreas eine echt starke Seilschaft. Wasti und Andi, im Freundeskreis kurz und knapp „die Schränke“ genannt, holten sich natürlich eine frühe Begehung der legendären „Pumprisse“ und etliche erste Rotpunktbegehungen von Kaiserklassikern.
Als der sportliche Leistungsgedanke sich beim Klettern etablierte, war das Thema für Sebastian durch. Schon Anfang der 1980er Jahre hängte er die Kletterschuhe konsequent an den Haken. Wie Klettern heute praktiziert wird, dient ihm allenfalls noch als Zeichenvorlage.

Nordwand	Le Droites
Nordwand	Le Courtes
Walkerpfeiler	Grandes Jourasses
Nordwand	Matterhorn
Nose	El Capitan
Salathe	El Capitan
Regular	Half Dome
Carlesso/Sandri	Torre Trieste
Herzogkante (Winterbegehung)	Lalidererspitze
Grubenkarpfeiler (Winterbegehung)	Grubenkarspitze

unter vielem anderen erschienen:

1995 Rock Comix, Panico Alpinverlag

1999 Bloß net aus da Ruah bringa lassn, Rosenheimer Verlagshaus

2002 Tiefengrabers Erzählungen, wt-Buchteam

Illustration der beiden Lehrbücher „Sportklettern" und „Sicher Sichern" von Michael Hoffmann

Für den Deutschen Alpenverein arbeitet Sebastian Schrank seit Jahrzehnten für die verschiedensten Bereiche: DAV-Mitteilungen, Panorama, DAV-Jahrbuch, diverse Ausbildungshandbücher, Programm Jugendbildungsstätte, handgemalte Infotafeln in diversen Klettergebieten, u.m.
Aktuell regelmäßig im DAV Panorama mit einer neuen Folge von Gämschen Klein vertreten.

Absolut legendär sind die in den 1980er Jahren im Bergsteiger veröffentlichten Abenteuer des Ron E.Bee

Ab 1958 der übliche Werdegang: Älterwerden und Schule.
Mit der Entdeckung, durch einfache Striche eine polarisierende Wirkung zu erzielen, wurde Zeichnen während der Schulzeit zur Nebenbeschäftigung. Das blieb es auch noch, als eine zweite Nebenbeschäftigung,

das Herumklettern in den Bergen, die Schulzeit erschwerte. Das führte dazu, daß zum Lernen keine Zeit mehr übrig blieb. Folglich wurde das Gymnasium in der 12. Klasse eingestellt.
Also Klettern in den Bergen und Zeichnen für alpine Zeitschriften.

Ein, seit der Erfindung des 7. Grades, rasantes Ansteigen der zu bewältigenden Schwierigkeiten in den Kletterrouten, bei unverminderter Schwerkraft, bedeutete das Aus der alpinen Laufbahn. Also nur noch Zeichnen.

Älter aber nicht reifer erleichtert eine
vielköpfige Familie nicht wirklich
das Über-Leben durch Er-
Zeichnen von mageren
Honoraren.

Ohne Illusionen und wegen der Ablehnung von
Mac Windows ist das Leben
einfach geworden, reduziert
auf den Konflikt:
„Das leere Blatt Papier und ich."

Um darzustellen wie man richtig klettert braucht es ein Dutzend Farbfotos - oder ein paar Striche. Der Erfolg des Lehrbuchklassikers „Sportklettern" von Michael Hoffmann hat viel mit Sebastian Schranks kongenialer Illustration zu tun.

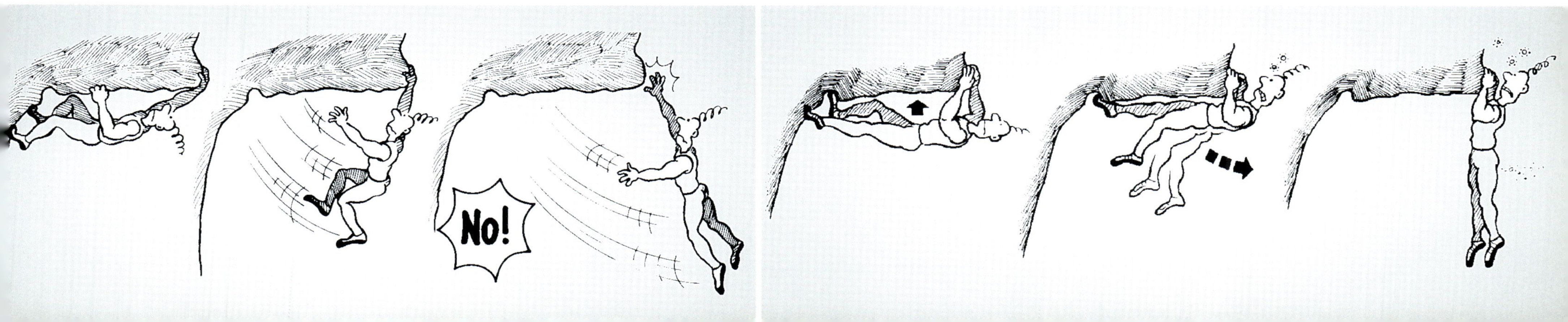

Hallenklettern

Nervenkitzel für Warmschnapper

Okay, ich gebe es zu, ich bin mittlerweile Besitzer einer Dauerkarte für eine Boulderhalle. Aber ich kann das erklären: Zunächst einmal kann ich nichts dafür, denn sie wurde mir geschenkt. Außerdem hatte ich nach reiflicher Überlegung schon vorher beschlossen, mich der Tatsache zu stellen, dass ich nicht jünger werde. Zum weiteren gilt es festzuhalten, dass Muskelquerschnitte sich nicht von alleine vergrößern. Außerdem hasse ich es, mich zu blamieren. Das nächste Frühjahr kommt bestimmt, und ich lege dann keinen Wert auf Kommentare, die mit „Na, du warst aber auch schon mal …" beginnen.

Kurz gesagt: Als ich jung war, wurde ich nicht besser, weil ich nicht trainierte, heute muss ich trainieren, weil ich nicht besser werde. All das ist natürlich keine schlüssige Begründung dafür, es in einem dieser Etablissements zu tun, in denen man für eine Tätigkeit Geld bezahlen muss, die man außerhalb derselben gratis und zudem an deutlich frischerer Luft verrichten könnte, als in diesen miefigen Kletterpuffs. Nein, man könnte selbstverständlich auch draußen trainieren, bei Wind und Wetter, Schnee und Kälte. Ich kenne durchaus Kletterer, die das tun und noch nie in ihrem Leben in einer Halle waren. „Alles, was ich beim Klettern suche, finde ich dort nicht", sagte mir neulich einer von ihnen.

Wie gerne wäre ich auch so. So konsequent und hart gegen mich selbst. Aber leider bin ich ein Weichgreifer und Warmschnapper, der schnell an den Fingern friert und gern mal nach dem Kampf am Plastik eine Orangina trinkt. Oder einen Cappuccino. Manchmal fahre ich, ich gestehe es frei, auch nur zum Cappuccinotrinken in die Boulderhalle. Habe ja eine Dauerkarte. Und außerdem sind die Leute da so nett. Also zumindest die, die auch draußen klettern.

RUMMMS!!
Halt's Maul... Hallenfuzzy!!
...hange
SOJER

VAUDE
Red Chili
SOLO
DAV
CLIMB!
klettern drinnen und draußen
Ein Film von Pepe Tankwort
AM LIMIT
KLETTERKÄFIG-XL
Wieso ausgerechnet klettern?!
Erbse on Tour
X-TREM
GO CLIMB A ROCK

Eisklettern

drytoolen und rockaxen

Zum Eisklettern müsste ich eigentlich die Klappe halten, denn das habe ich nie richtig gemacht. Meine einzige Eiswand war 1975 die Zuckerhütl-Nordwand im Stubai: 60°, 100 Meter, griffiger Firn, ein Witz. Wahrscheinlich ist sie mittlerweile Opfer der globalen Erwärmung und weggeschmolzen. Meinen später in Chamonix erworbenen Charlet-Moser-Pickel habe ich zum Schluss nur noch im Garten zum Ausbuddeln von Wurzeln benutzt. Daher hier nur ein paar theoretische Anmerkungen:

Kürzlich verfolgte ich eine Diskussion in einem Internetforum, ob denn beim Eisklettern Fersensporn und Handschlaufen zulässig oder als unsportlich zu verdammen seien. Ich fürchte, der Weg zur Erkenntnis ist hier noch weit: Erst wenn man sich der ziemlich unumstößlichen Tatsache bewusst wird, dass kein Mensch an Eiszapfen emporklettern kann und natürlich allein schon die Verwendung von Rambo-Steigeisen und High-Tech-Carbon-Beilen hochgradig unsportlich ist, dürfte man einen Schritt weiter sein. Wenn die Evolution gewollt hätte, dass wir an Eis emporklettern, hätten wir Frontalkrallen und keine Zehen. Wir haben da nichts zu suchen!

Und auch diesen absurden Drytooling-Auswüchsen täte eine kritisch-distanzierte Betrachtungsweise gut, finde ich.
Ich weiß nicht, ob den Hackepetern bewusst ist, dass wir so den uralten, längst überwunden geglaubten Witzzeichnungen, in denen Kletterer den Fels mit Pickeln bearbeiten, wieder verdammt nah sind. Als ich mit einem Freund darüber diskutiere, beschimpft er mich als norddeutschen Sesselfurzer und Alpinbürokraten. Auch er würde hin und wieder gern mal mit Kletterschuhen und Eisgeräten an den Fels fahren, das mache richtig Spaß. Später lese ich irgendwo, dass es das natürlich schon lange gibt und diese Abartigkeit „Rock-Axing“ genannt wird.
Na dann…

Eiskalt gigacool

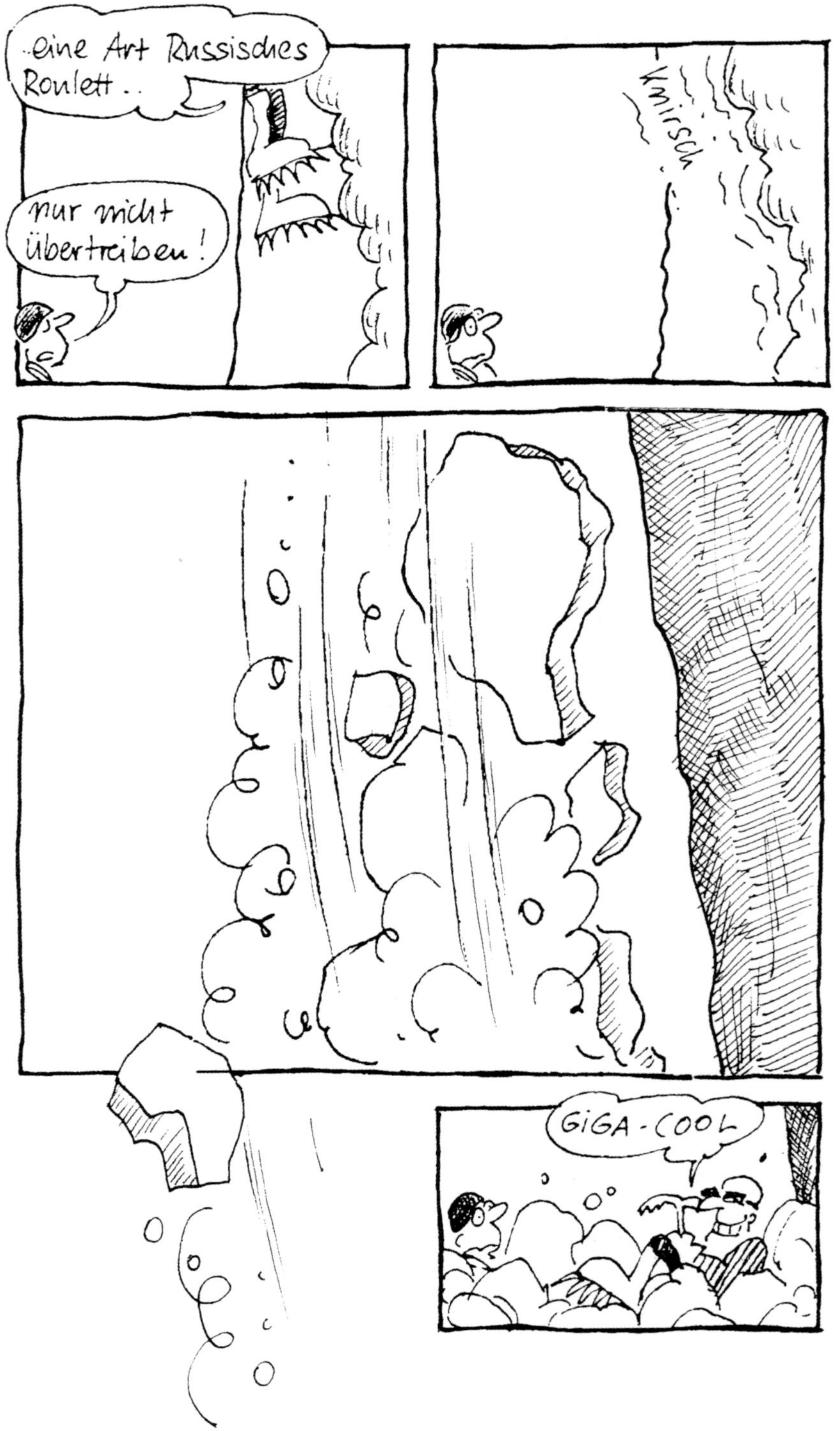

klettern 3/00
EISSCHLAG INS WASSER? Ein kurzer Blick auf den
diesmaligen Nachrichtenteil genügt: Beim Eisklettern war diesen
Winter die Hölle los. Nicht nur, dass die Cracks sich Neutouren und
Schwierigkeitsgrade um die kalten Ohren schlagen und bald jedes
Stück Wand, an dem die Spucke vereist hängen bleibt, als Mixedroute
bezeichnen. Auch Otto Normaleiskletterer
AH, JETZT GEHT MIR EIN LICHT AUF!
SO ENTSTEHEN SIE ALSO, DIESE SUPERHYPERUNFASS-BARMUNGSLOSCHWEREN MIXEDROUTEN!
LOGISCH, WIE KÖNNTE ES AUCH ANDERS SEIN ... FELS & EIS, MAL KALT, MAL HEISS, FROST & SCHWEISS:
DA FÄNGT MAN SICH FRÜHER ODER SPÄTER 'NEN SCHNUPFEN EIN!
EINFACH WUNDERBAR!
VERSCHLEIMTER RACHEN, ROTZNASE, UND VOR MIR EISFREIER, KOMPAKTER FELS ?!?
RHHOONNG ... SPOTZ!
KRIZZL
DAS MUSS EINE NEUE SCHWIERIGKEITSDIMENSION SEIN!
WÄÄH ... SO EINE BEGEHUNG IST ECHT HART.
IN JEDER HINSICHT!
FURCHTBARE VORSTELLUNG: DIE ZUKUNFT DES EXTREMEN MIXEDKLETTERNS – DER TOTALE ROTZ ?!?
Erbse '01

Erbse '04

Schorsch Sojer

geboren 1960 in Bad Reichenhall
verheiratet mit Rita, drei Kinder: Marlena, Anna Lisa und Tobias
Cartoonist, Illustrator, Berg- und Skiführer, Skiwachtmann

Würde auf die einsame Insel den Steinplattenführer von Adi Stocker mitnehmen, die CD „Blus'n auf" vom Herbert Pixner Projekt und ein Tragerl „Schönramer Hell" (+ Tibloc zum Aufmachen!).

Wann hat das mit dem Zeichnen bei dir angefangen?
Im Vorschulalter, mangels kreativ höherwertigeren Beschäftigungsmöglichkeiten wie Gameboy, Nintendo oder X-Box. Gnade der frühen Geburt.

Und wann wurde dann festgestellt, dass da eine Begabung für das Zeichnen war?
Schon kurz nachdem ich zum ersten Mal Buntstifte in der Hand hatte.

Gab es von Mitschülern oder Lehrern Reaktionen auf dein Talent?
Schon. Die Lehrer waren aber „not always amused", was sich z.B. auch in den Englisch-Noten widerspiegelte.

Wie gestaltete sich dann dein beruflicher Werdegang?
Nach der unvermeidlichen Schulzeit durchlief ich eine hoffnungsvolle Ausbildung zum Werkzeugmacher, anschließend folgte der obligatorische Dienst fürs Vaterland. Während der fünfzehn Monate, die ich dort laufend, kletternd und skifahrend verbrachte, gelangte ich zu der Erkenntnis, dass ich für ein Werkstattleben einfach nicht geschaffen bin. Der darauf folgende, durchaus ernsthafte Versuch einen anständigen Beruf – den des Zimmerers – zu ergreifen, scheiterte nach weiteren zwei Jahren. 1983 fand ich mich nach dringendem Anraten meines „Mentors", dem Hallweger Luggei, endlich damit ab, den Rest meines Daseins als freischaffender Cartoonist zu fristen. Ein weiser Rat, wie sich herausstellen sollte. Mit der Ausbildung zum Berg- und Skiführer baute ich mir dann aber vorsichtshalber doch noch eine letzte Brücke zum bürgerlichen Dasein.

Und seither ist Cartoonist dein Hauptberuf?
Richtig, mit allen üblichen Folgen.

Die da wären?
Null Freizeit, Stress, Geldmangel...

Das Klettern hat Schorsch Sojer noch ganz klassisch angefangen: mit schweren Schuhen, dicken Seilen und einem Trittleiterl am Brustgurt. Die „Neue Südwand“ am Flachfeld (heute „Bogiberger“) war seine erste Precht-Tour. Und ohne rechte Ahnung, was da auf ihn zukommen sollte, eine richtige Feuertaufe. Die heimischen Berchtesgadener Alpen, die nahe Steinplatte, das Hochköniggebiet mit seinen anspruchsvollen Routen und die Dachsteinregion waren und sind bis heute seine Lieblingsgebiete.
Was zählt und im Gedächtnis bleibt ist für ihn weniger der Schwierigkeitsgrad. Eher Fels, Landschaft, die Umstände und das ganze Drumherum. Luftige Quergänge, Gewitter in der Wand ... und beim Abstieg gleich noch mal. Cleane Freikletterei, bei der man die Sicherungen selber legen und einfach auch mal mutig drauflos steigen muss. Das einsame Ambiente tagsüber beim Klettern und der lange gesellige Ausklang der Tour auf der Hütte. Und wenn`s sein muss auch der Abstieg im Dunkeln.
Klettern tut Schorsch noch immer, weil`s ihm einfach taugt!

1979	**Bogiberger** (6+)	Flachfeld
1980	**Bumiller Pfeiler (5+,70°)**	Piz Palü
1983	**Nordwand** (6,A1)	Hirschwieskopf
1984	**Direkte N-Wand „End“** (7)	Große Bischofsmütze
1986	**Große Verschneidung** (6+)	Untere Windlucke
1987	**Requiem** (6+)	Rotpalfen
1988	**Südverschneidung** (6+,A1)	Grundübelhorn
1989	**Plattenweg** (7-)	Blausandpfeiler
1995	**Niemandsland** (8-)	Wemeteigen
2009	**Untersbergmandl** (7)	Untersberg

Von wegen mit dem Radiergummi fummeln und die feinen Pinsel schwingen – bei Schorsch Sojer gilt zumindest bei der Arbeit: digital ist besser.

Aus der Idee hat sich im Kopf ein Bild geformt, das ganz traditionell mit Bleistift aufs Papier gebracht wird

Am Computer wird die Zeichnung übernommen und Schicht für Schicht (Umrisse, Text, Farben) aufgebaut.

DAV-Panorama: Cartoons und Illustrationen zu Artikeln und zu den Veröffentlichungen der Sicherheitsforschung

ALPIN: Cartoons zur Tiefengraber-Satire, seit Jahren die letzte Seite: „Sojers Ausstiegsriss“

bergundsteigen: Cartoons und Illus, letzte Seite: „schräg“

Illustrationen für die Magazine „Klettern“, „Bergsteiger“, „Climb“ und „Bergwelt“

Illustration mehrerer Bücher, wie Pit Schuberts Buchreihe „Risiko und Sicherheit in Fels und Eis“, sowie einiger Lehrschriften des selben Autors.

Mehrere Lehrbücher für den Bruckmann-Verlag, z.T. auch als Text-Autor (Bergsteigen, Freeriding, Seil- und Sicherungstechnik u.a.). Illustration von Lehrbüchern für den BLV-Verlag (Indoor-Klettern und als Schmankerl den ALPIN-Lehrplan „Klettern-Sicherung, Ausrüstung“)

Illustrationen für die Ausbildungsmanuals der ÖAMTC-Flugrettung, für einige Kapitel des Ausbilder-Handbuchs des DAV, für die Ausbildungsmanuals der Bergwacht Bayern, für's Ausbilder-Handbuch der Bergwacht Steiermark, für's Ausbildungsmanual „Seilbahnbergung“ der Bergrettung Südtirol, für Lawinenkunde-Präsentationen und das Lehrbuch „Freeriding“ des DSLV

....lass ma's guat sei.

Zeichnest du ausschließlich Cartoons?

Nein, ich illustriere alles, bevorzugt Lehrbücher und Ausbilderhandbücher. Technische Zeichnungen die jeder versteht. Und die Powerpoint-Präsentationen dazu mache ich auch.

Beeinflussen deine Cartoons die anderen Arbeiten?

Logisch, irgend ein dummes Gesicht findet man fast immer darin.

Gibt es Vorbilder?

Den schon angesprochenen Hallweger Luggei, ein erstklassiger Cartoonist und Zeichner aus Ruhpolding. Der hat mir beruflich sozusagen in die Schuhe geholfen.

Hast du noch andere Begabungen?

Musik, Schnitzen, Dichten.

Deine Cartoons - den „Ausstiegsriss“ etwa - wo kommen dir dazu die Ideen?

Überall und nirgends.

Und wie läuft die Umsetzung ab?

Die Idee lasse ich möglichst so lange liegen, bis das Bild dazu im Kopf gewachsen ist. Dann folgt die Routine: grobe Skizzen, weitere Ausarbeitung bis zur fertigen Zeichnung.

Diese Routine, wie lange brauchst du dafür?

Zwischen zwei und zwanzig Stunden ist die Regel, je nach Aufwendigkeit des Motivs kann das aber beliebig ausgedehnt werden.

Hast du dafür bevorzugte Zeiten und Orte?

Nein. Ich zeichne zu jeder Tages- und fast jeder Nachtzeit, wanns eben passt. Und wo ist mir ziemlich Wurscht, solange Papier und Bleistift vorhanden sind.

Du zeichnest also alles überall?

Nicht ganz, es ist natürlich schon von der späteren Verwendung abhängig. Zur Dokumentation diverser Feierlichkeiten in einschlägigen Hüttenbüchern reichen Bleistift, Kugelschreiber oder was gerade zu finden ist. Für Auftragsarbeiten, bei denen ein Original gewünscht ist, brauche ich schon Tusche, Buntstift oder Aquarellfarben. Alles andere, was von Haus aus nur für Abdruck oder Computerpräsentionen gedacht ist, entsteht – bis auf eventuelle Grobskizzen auf Papier – komplett am Computer. Ich habe einen drucksensitiven Zeichenbildschirm, auf dem ich mit einem speziellen Stift wie auf Papier arbeiten kann. Von der Bleistiftzeichnung über Kohle und Pastell bis zu Aquarell und Airbrush ist damit alles machbar, nur eben ohne „greifbare" Originalzeichnung. Die besteht dann eben nur aus lauter „Nullen und Einsen".

Schorsch Sojers Domäne: Hochkomplizierte Sachverhalte und technische Abläufe möglichst übersichtlich und nachvollziehbar darstellen.

Deine Spezialität sind Cartoons. Was macht denn einen guten Cartoon aus?

Entweder sein hintergründiger Humor. Oder aber man erkennt den Gag auf den ersten Blick und ohne viele Worte.

Welchen Einfluss haben das Klettern und deine Bergkameraden auf die Cartoons?

Keinen, abgesehen davon, dass mich das Klettern und meine Kletterfreunde vom Zeichnen abhalten, wenn ich mit ihnen am Berg unterwegs bin.

Nehmen deine Auftraggeber auch Einfluss auf deine Cartoons?

Nein. Bis auf die Vorgabe von Themen und die Verweigerung des Abdrucks eigentlich nicht.

Apropos Abdruckverweigerung. Gibt es beim Zeichnen für dich Grenzen?

Ethische.

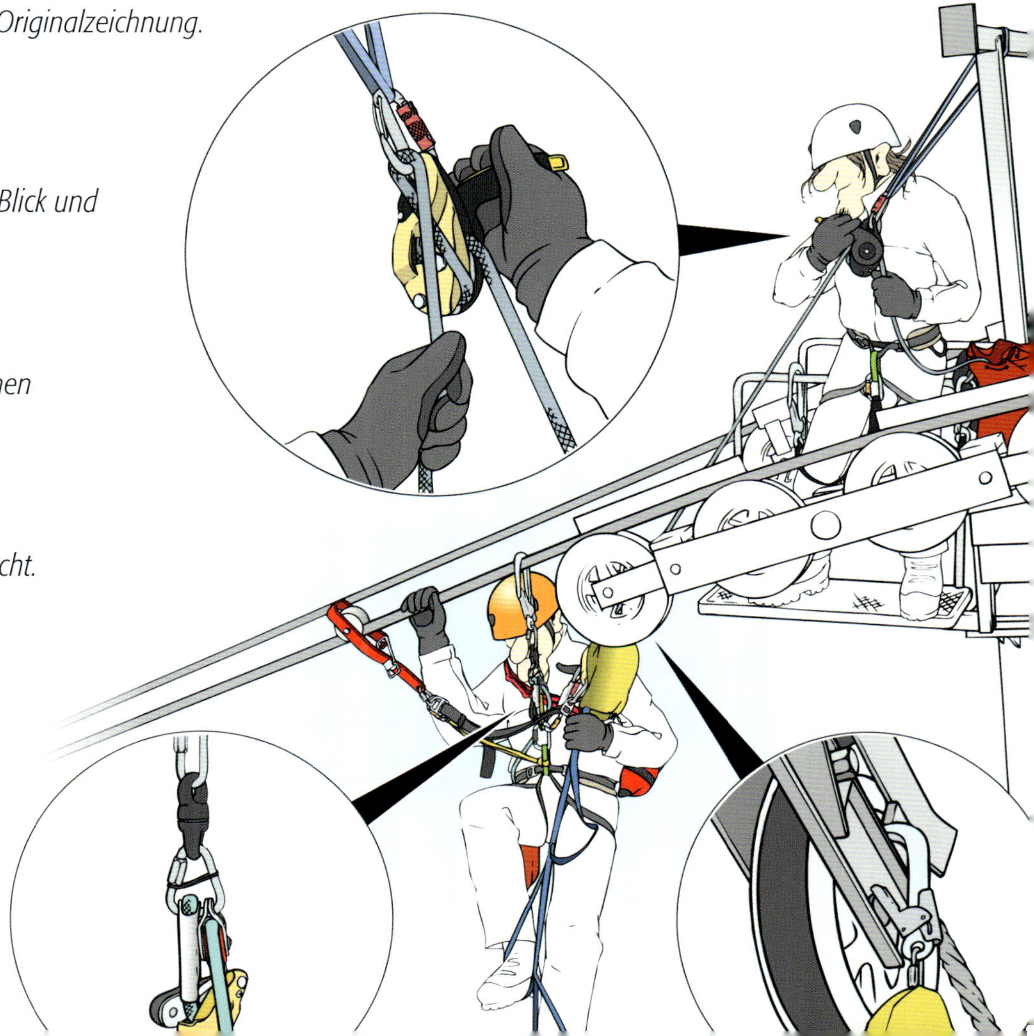

die Schwierigkeit

mit der Schwierigkeit

Mit den Schwierigkeitsgraden ist das so eine Sache. Zunächst einmal: Ich liebe Schwierigkeitsskalen. Ich habe in meinem Zimmer ein großes Plakat hängen, auf dem alle real existierenden Schwierigkeitsskalen der Welt in einer Vergleichstabelle nebeneinander abgebildet sind, einschließlich sämtlicher Boulder-, Winter-, Sprung-, Mixed-, Techno- und Speleoskalen. Ein faszinierendes Kombinationswirrwarr von arabischen und römischen Ziffern, Buchstaben und mathematischen Zeichen. So ähnlich muss 1916 an der Preußischen Akademie der Wissenschaften in Berlin die Wandtafel von Albert Einstein ausgesehen haben, auf der er die allgemeine Relativitätstheorie entwickelt hat.

Schaut man sich die Tabellen genauer an, so fällt auf, dass es eigentlich nur zwei vernünftige, als echte Skalen zu beschreibende Systeme gibt, nämlich die australische Skala und die sächsische Sprungskala. Beide fangen bei 1 an, die nächst schwierigere Stufe ist 2, dann 3 usw. Negativbeispiele sind die englische Skala mit ihrer verwirrenden Kombination aus Kletterschwierigkeit und Ernsthaftigkeit und natürlich das bekloppteste aller Systeme: das französische. Zahlen, Buchstaben und mathematische Zeichen in unrhythmischer und den Gesetzen der Logik den Gehorsam verweigernder Abfolge.

Es spricht Bände über den Geisteszustand unserer Schwerkletterer, dass ausgerechnet diese Skala sich mit einer kaum nachvollziehbaren Hartnäckigkeit im Highendbereich durchgesetzt hat und sogar knallharte Apfelkiechla- und Zwiebelblootz-Franken sich nicht scheuen, für eine Tour die auf den schönen deutschen Namen „Raubritter" hört, eine „huit b plus" auszuwerfen. Aber egal ob 8b+, X+, E11 7a, 5.14a oder 32 – das Wichtigste ist doch immer der Nachsatz: „… aber ich kann eigentlich grad nicht bewerten, meine alte Schultergeschichte …"

...also hier steht, 9-/E5 ist im Kaiser normalerweise so schwer wie eine E7/6b im Peak, wobei aber dort die Einzelstellen eher bei Fb 6c- anzusiedeln wären und nicht bei Fb 6b+, was ja in etwa einer V5 in Hueco oder einer 26 in Australien gleich käme...die Routenlänge ist allerdings bei diesem Vergleich ebensowenig berücksichtigt, wie die Erstbegeher. Eine „Darshano/Müller“ schlägt demnach nochmal mit einem 3/4-UIAA-Grad oder 1,5-Franzosengraden zubuche womit dann die schwerste Stelle etwa bei amerikanisch 5.12d eincheckt...die Absicherung und Exponiertheit nicht eingeschlossen. Mit diesen Faktoren wär's dann allerdings wieder eher eine XIa nach Elbsandstein oder UIAA 10-, mit Ernsthaftigkeitsgrad E4, falls an der Schlüsselstelle keine...
Das Dschungelbuch der Schwierigkeitsbewertung
aktualisierte Ausgabe 3-2006

Ron E. Bee

aus Kalifornien

In dem Glauben, unbeobachtet zu sein, erlauben sich Ron und sein Seilpartner bei der Rotpunktbegehung einer langen Verdonroute einen geringfügigen Verstoß gegen die strengen Freikletterregeln. Diese kleine Taktlosigkeit soll uns aber nicht dazu verleiten, in diesem Verhalten ein Charakteristikum der ernsthaften Freikletterer zu sehen.

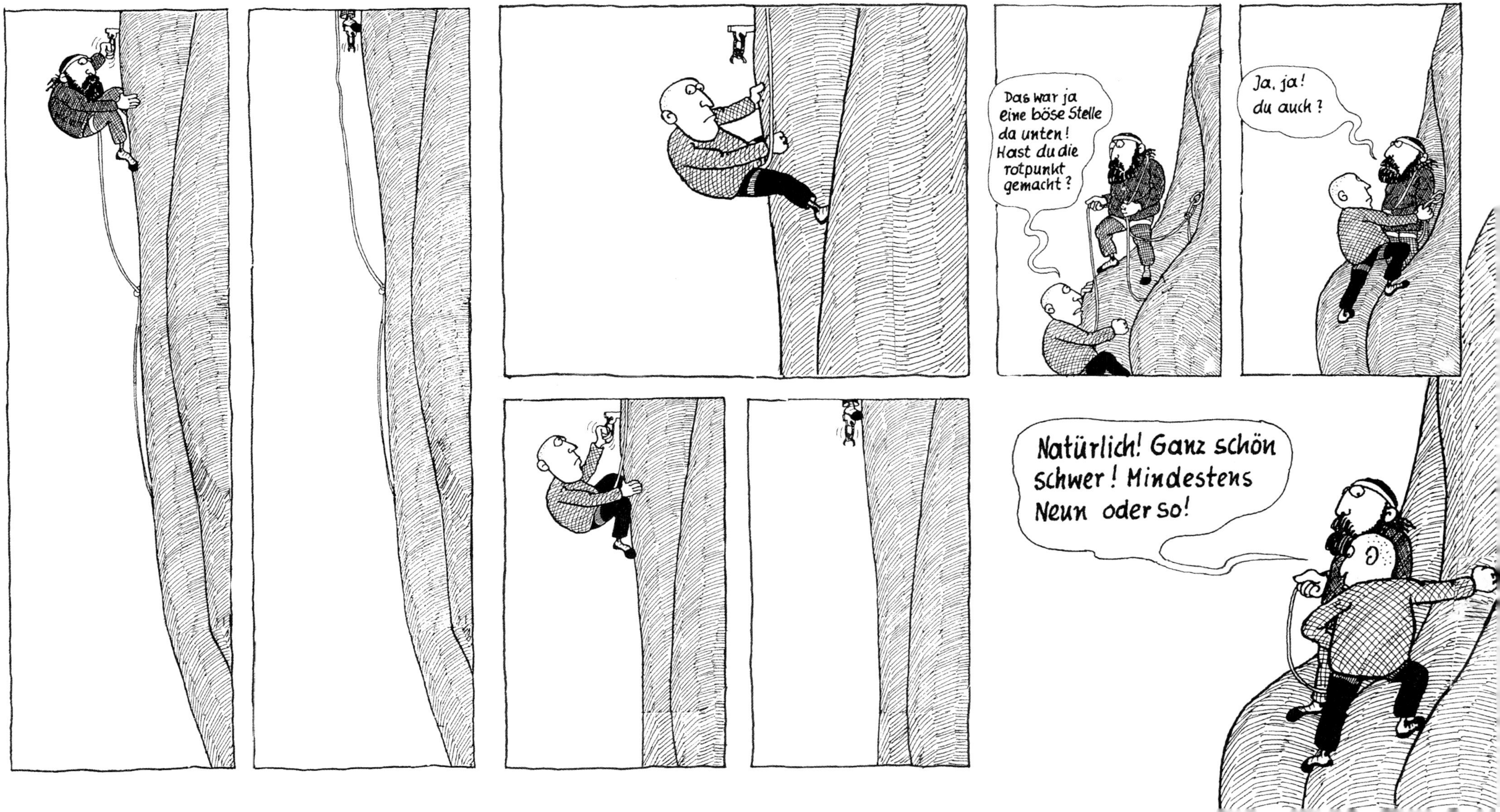

Sturz

Kraft ausgegangen,
Griff rausgebrochen?

Wenn heute ein Sturz meist das Ende eines erfolglosen Versuches markiert, in einem unangemessen schweren Projekt nach dem nächsten Griffloch zu schnappen, markierte ein Sturz zur Zeit des klassischen Bergsteigens zumeist das Lebensende des Vorsteigers oder der ganzen Seilschaft. Man stürzte deshalb damals eher ungern und wenn, dann zögerlich, und diejenigen, die in dieser Zeit mit dem Klettern begonnen haben, tun sich auch heute noch schwer damit.

Ich klettere nunmehr seit knapp vierzig Jahren und kann auf exakt fünf Vorsteigerstürze zurückblicken. Ich tue das keineswegs mit Stolz sondern stets mit Schrecken und das, obwohl die Stürze durchaus unterschiedliche Ursachen und Resultate hatten:

1.: Block rausgekommen, Haken zu tief, in Dornengestrüpp gedonnert, Helm kaputt.
2.: Kraft ausgegangen, drei Meter in Bühler gestürzt, aus Angst hinterher das Seil weggeschmissen.
3.: Kraft ausgegangen, ins umgelenkte Seil gegriffen, wegen der Brandwunden Urlaub abgebrochen.
4.: Griff ausgebrochen, knapp vor dem Boden gehalten worden, Loch im Kopf.
5.: In der Reibung die Platten runtergelaufen, wie Reinhard Karl, allerdings nicht lachend, sondern nach Mama rufend.

Ich bin daher nach wie vor davon überzeugt, dass es besser ist, nicht zu stürzen und klettere entsprechend ängstlich, weshalb ich auch nicht mehr besser werde. Die heutige Sportklettergeneration hingegen bombt ja mit Wonne in ihren Projekten herum, dass die Stricke qualmen. Und das mit einem scheinbar unerschütterlichen Vertrauen darin, dass das Material sich entsprechend den Verpackungsangaben verhält. Möge ihnen dieser Glaube erhalten bleiben.
Übrigens: Vier von meinen fünf Stürzen habe ich zu Geschichten verarbeitet und hinterher damit Geld verdient.
Vielleicht sollte ich meine Angst doch irgendwann mal überwinden.

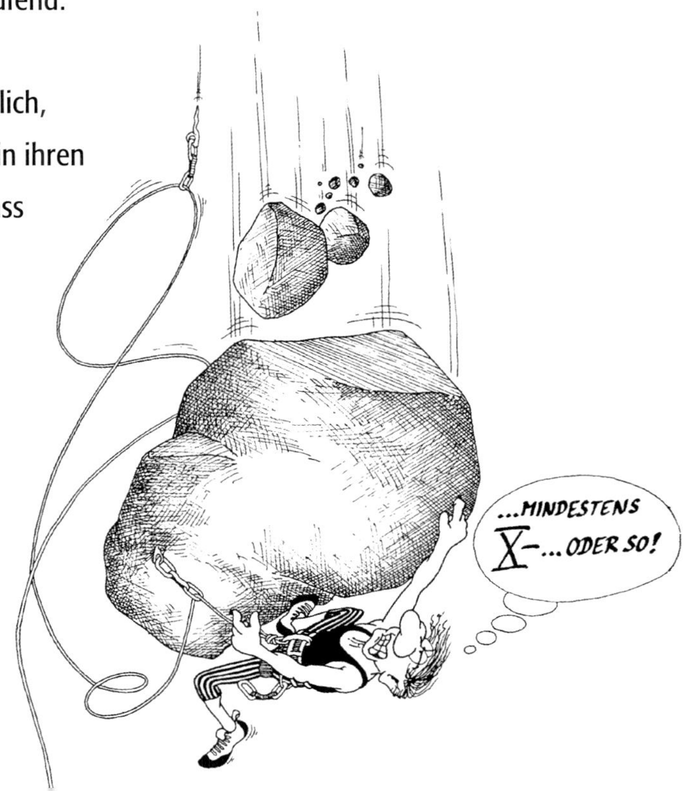

Achtung
Verhauer

Sturzvorsorge

Wer für die Sturzfolgen nicht vorgesorgt hat, kann im Ernstfall ganz schön blöd dahängen .

Eberhard Erbse **Köpf**

geboren 1968 in Freiburg im Breisgau

verheiratet mit Tanja, drei Kinder: Peter, Mira und Anton

Cartoonist, Illustrator, Kabarettist, Kletterer

Würde auf die einsame Insel Gitarre, Kletterschuhe und Tabak für Erwachsene mitnehmen. Ein Buch von Wilhelm Busch und keine einzige CD, weil: „Musik mach ich lieber selber."

Wann hat das mit dem Zeichnen bei dir angefangen?

Mit der Fähigkeit einen Stift zu halten. Ich war von Anfang an fasziniert davon, mit eigenen Mitteln und aus mir selbst heraus die Welt abbilden zu können.

Und wann wurde dann festgestellt, dass eine Begabung für das Zeichnen da war?

Die war einfach da und hat sich schon ganz früh gezeigt, da gab es nicht viel festzustellen. Wobei: Begabung. Heute würde ich mit Wolfgang Güllichs Worten eher sagen: „10 % Inspiration, 90 % Transpiration"

Wie war die Reaktion deiner Freunde auf diese Fähigkeit? Wie die der Mitschüler?

Ich war nie der Starke, der Coole, sondern eher der Kümmerling aus akademischem Hause. Nur zeichnen, das konnte ich immer besser als alle anderen. Dafür bekam ich die nötige Anerkennung.

Und die Reaktion der Lehrer?

Ein Lehrer in der Mittelstufe fand meine Sachen offensichtlich so geil, dass ich sie nie wieder gesehen habe. Er hat sie auch nach dem Ende meiner Zeit an dieser Schule behalten. Und „meinen" Pult durfte ich opulent mit eigenen Comicfiguren verzieren. Mit Einverständnis des Hausmeisters, der fand das gut.

Wie fand deine Familie das?

Normal. Die wussten halt, dass ich gerne male und das auch ganz gut kann. Und meine drei Schwestern schwingen den Stift auch nicht so schlecht. So spektakulär war das bei uns nicht.

Wie gestaltete sich dann dein beruflicher Werdegang?

Spannend! Als es so weit war, entschied ich mich Sport zu studieren - ich war ja da vom Klettern schon voll angefressen - und eher zufällig Germanistik. Auf Lehramt. Parallel dazu aber war das Zeichnen immer ein Thema. Ich finanzierte einen Teil meines Studiums mit Illustrationsaufträgen, außerdem begann ich mit meinen Klettercomics und brachte während meiner Studienzeit den ersten Band heraus.
Nach dem ersten Examen drückte ich mich vor dem Referendariat und begann in einer Firma mitzuarbeiten,

die Seminare und Outdoortrainings anbot. Ich hatte den Plan, mich in diesen zwei Bereichen zu etablieren. Mein Plan war eine gesicherte Existenz. Die Realität sah dann anders aus.

Ist Zeichner inzwischen dein Hauptberuf oder ein Nebenjob?

Seit Herbst 2003 bin ich Zeichner im Hauptberuf. Ich machte mich an den 4. Comicband, gab ihm programmatisch den Titel „Ich komme!“ und zog mit ihm im Gepäck im darauf folgenden Winter zum ersten Mal los in die Kletterhallen – als Life-Act-Zeichner. Und seit 2007 bin ich auch als Kabarettist unterwegs. Inzwischen habe ich das Gefühl, auf der richtigen Spur zu sein.

Was machst du denn neben zeichnen? Gibt es da noch andere Begabungen?

Das Life-Act-Zeichnen hat sich zu einer ganz eigenen und geliebten Disziplin entwickelt. Dabei werfe ich spontan und auf Wunsch meiner Kundschaft Motive und Karikaturen aufs Blatt oder mit dem Textilmarker aufs T-Shirt. Es ist ein komplett anderes Arbeiten wie am Schreibtisch, wo ich mir jeden Strich überlege. Beim Life-Act-Zeichnen geht es um Geschwindigkeit und für die Zuschauenden hat es etwas Faszinierendes, wie sich aus wenigen und scheinbar planlosen Strichen ein Bild ergibt. Ein solcher Life-Act-Zeichentag ist immer sehr intensiv und kräftezehrend, weil ich dabei ständig hochkonzentriert bin – gleichzeitig aber auch sehr befriedigend. Fast noch mehr überrascht habe ich mich selbst mit meiner Kabarettistentätigkeit. Der Keim dazu wurde 2003 auf dem zweiten Kölner Alpintag gesteckt, Alex Huber hat mich dazu angestiftet. Ich bin kein großer Musiker und Liederschreiber, es gibt deutlich bessere Schreiber und Zeichner, und ganz sicher viele viel bessere Kletterer. Aber die Mischung macht’s, die Summe meiner für sich genommen doch überschaubaren Qualitäten entwickelt im Zusammenspiel anscheinend eine ganz eigene charmante Wirkung.

Vorbilder?

Wilhelm Busch, ganz klar. Den habe ich als Kind in seiner ganzen Breite studiert und konnte ihn in weiten Passagen auswendig. Sicherlich bin ich von seiner Art zu zeichnen geprägt, möglicherweise auch von seiner Sichtweise als satirischer Moralist. Und Albrecht Dürer – besser gehts handwerklich nicht.

Abizeitung im Keplergymnasium Freudenstadt

1989 Bewegungsillustrationen in „Der Übungsleiter",
Faltblatt des Deutschen Sportbundes

seit 1995 Klettercomics beim Panico Alpinverlag

seit 1995 regelmäßige Publikationen im Magazin „klettern"

sporadisch Publikationen im spanischen „Escalar" und im
US-amerikanischen „Climbing"

Comics in der DAV-Mitgliederzeitschrift „Panorama"

seit 2002 Illustrationen für „bergundsteigen"
Zeitschrift für Risikomanagement im Bergsport

Wimmelbilder im Magazin „CLIMB!"

Illus in verschiedenen Sportfachbüchern im Meyer & Meyer Verlag.
(Bücher zum Tauchsport und in der Reihe „move to the music")

2002 Illustrationen im Buch „Klettern an der Boulderwand" von Jürgen
Kittsteiner und Peter Neumann, Kallmeyer

2006 „Klettern – Spaß von A – Z" mit Jean-Marie Brezner, Tomus-Verlag

2007 Illustrationen in „Besser Bouldern" von Andi Hofmannn,
TMMS-Verlag

2007 „Tim & Pelli, Gefahr für's Felsenland" Kinderbuch mit Andreas
Krohberger, TMMS-Verlag

Das ist zugegebenermaßen eine haarsträubend antiquarische Orientierung, aber ich hab sie nun mal, und sie schlägt sich auch in meinem handwerklichen Ethos nieder.
Die drei deutschen Comiczeichner, die mir präsent sind, sind zum einen Brösel, den ich in den 80ern las und richtig mochte. Ralf König und Walter Moers. Wobei der für mich weniger Zeichner ist denn Literat.

Deine Ideen, woher holst du dir die?
Aus dem Leben. Und zwar einfach so. Ein guter Comic überrascht, erwischt einen auf dem falschen Fuß. Wenn es gelingt, dann blitzt ein ironischer Moment auf, in dem man sich unerwartet selbst widerspiegelt.

Wann und wo kommen die besten Ideen?
„Auf dem Klo" würde sich jetzt natürlich als Antwort aufdrängen... Nein, im Ernst: ich kann es nicht sagen.

Gibt es ein Mittel für gute Ideen?
Nicht wirklich. Aber ein ausgeglichenes Gemüt, irgendwo nahe an der eigenen Mitte, ist bestimmt kein Fehler.

Wie geschieht dann die Umsetzung von der Idee hin zur fertigen Zeichnung?
Am Anfang steht die Idee. Mit der im Kopf setze ich mich hin und skizziere in groben Strichen ein Storyboard, in dem ich Choreografie insgesamt und die Bilder im Einzelnen sowie den Text festlege. Dann wird der Comic zunächst komplett mit Bleistift umgesetzt. Das ist der anspruchsvollste Teil der Arbeit, vor dem ich mich gerne lange herumdrücke. Oft ist es zäh und ich bin endlos am Radieren und Korrigieren, bis ich zufrieden bin. Die langwierige Phase des Ausarbeitens ist da deutlich entspannter. Dabei wird die Bleistiftzeichnung zunächst mit einem sehr dünnen Tuschestift nachgezeichnet, dann werden die Linien mit verschieden starken Stiften ausgearbeitet und schließlich die Flächen schraffiert. Für diese Arbeit brauche ich heute um ein Vielfaches länger als zu meinen Anfangszeiten. Das ist in der Entwicklung meiner Zeichnerei durch die Comicbände hinweg nachzuvollziehen, und es hat mich lange ziemlich genervt. Der Comic war ja im Prinzip „fertig" und damit irgendwo die Spannung aus der Sache. Inzwischen aber genieße ich diese Phase des Ausarbeitens.

Die erste Route im heimischen Schwarzwald war noch ein Krauchen durch Kamine, aber gleichwohl so geil, dass der Bub gleich wusste: Das ist meins! Ein Jahr später wurde im Battert der erste untere Achter geflashed, und schon im zweiten Kletterjahr fiel auf der Schwäbischen Alb die erste 9-. Was folgte war die Suche nach den Ursprüngen des Sportkletterns: Buoux, Verdon und die ganzen anderen Top-Spots des Südens. Dazu die Freikletter-Meilensteine der weiteren Heimat: Erst Wolfgang Güllichs „Superlative“, danach etliche Pilgerfahrten zu John Bachars „Chasin the train“ und als Höhepunkt im inzwischen heimischen Donautal Sepp Gschwendtners Masterpiece, der „Idiotenüberhang“.
Wenige Ausflüge ins alpine Gelände brachten die rasche Erkenntnis: „Was ich beim Klettern suche, finde ich im Mittelgebirge.“
Und dabei blieb es bis heute.

1989	**Höhlenweg** (4)	Schwarzwald
1991	**Striptease on the wall (9-)**	Schwäbische Alb
1992	**L'ange en décomposition** (7a o.s.)	Verdon
1994	**Bayerischer Traum** (8-)	Wetterstein
1995	**Chasin' the trane** (9)	Frankenjura
1996	**Phet Maak** (8a)	Thailand
1996	**Idiotenüberhang** (10-)	Donautal
1996	**Gondakante** (sächs. 8a)	Elbsandsteingebirge
1999	**Parfum sauvage** (7c flash)	Calanques
2008	**Eros** (7b+ flash)	Kalymnos

Gibt es Momente wo dir nichts einfällt?

Ja. Aber dann fange ich erst gar nicht an.

Kommen deine Ideen eher von der Geschichte, also vom Text her, oder von Bildern?

Überwiegend vom visuellen Teil, das ist ja auch das Wesen des Comics, und ich bin Comiczeichner und kein Schriftsteller. Mir selbst gefallen ganz besonders die Geschichten, in denen es mir gelingt die Sprechblasen nur mit gezeichneten Icons und Symbolen zu füllen.

Welchen Einfluss hat denn das Klettern auf das Zeichnen?

Einen konkreten Einfluss auf den praktischen handwerklichen Aspekt gibt es in so fern, als es schwierig ist, mit vom Klettern ermüdeten Fingern saubere Linien zu zeichnen. Ansonsten ist die Kletterei für mich dadurch von dominierender Bedeutung, als es mir die Grundlage meiner beruflichen Existenz als Zeichner geschaffen hat.

Nehmen die Bergkameraden Einfluss auf deine Comics?

Bergkameraden? Auch wenn ich sie so selbst nicht nennen würde: einen ganz deutlichen. Konkret sichtbar wird das in den Comics, in denen sich einige meiner Seilpartner, mit denen ich durch die Jahre hindurch unterwegs war, verewigt finden.

Welchen Einfluss hat die Familie auf dein Schaffen?

Na, wenn man so will hat meine werdende Familie im 5. Comciband komplett den thematischen Rahmen geliefert. Und auch im 6. Band geht's ausgiebig um das Leben eines kletternden Familienvaters.

Wann entstehen deine Comics?

Früher spontan. Heute, wenn der Abgabetermin drängt.

Wie lang arbeitest du an einem Comic?

Für die konkrete Umsetzung brauche ich in der Regel einen langen Arbeitstag pro Comicseite. Aber wenn ich

Erbse Köpfs Traum, als bester Kletterer der Welt an den glatten Wänden hoch zu steigen. Und die bittere, unter der Brücke endende Wirklichkeit.

mal dran sitze, gelten eh keine klassischen Arbeitszeiten, da versenke ich mich so lange in die Sache, bis sie fertig ist. Bei dem Berghütten-Wimmelbild habe ich neun Tage und acht Nächte durchgezeichnet und nur dann geschlafen, wenn ich gar nicht mehr konnte. So was ist nicht besonders gesund, aber durchaus intensiv und lebendig, obwohl ich dabei komplett für mich alleine in Klausur bin.

Welches Zeichenwerkzeug benutzt du denn?

Früher habe ich mich mit Rapidograf, Rapidoliner, Tusche, Feder und Kaligrafiestiften geplagt, weil ich meinte, das müsse man als Profi so machen. Heute verwende ich für meine Comics ganz profan HB und 3B Bleistifte, 0,05er Pigmentliner, 01, 03 und 05er Eddings, sowie stinknormale schwarze Stabilo-Filzstifte.
Fürs Kolorieren habe ich meine Aquarellfarben, die ich sehr trocken in Lasurtechnik aufs Papier bringe. Fürs Life-Act-Zeichnen brauche ich ein paar halbleere Flipchart-Marker für Schatteneffekte, dazu Textileddings, wenn ich T-Shirts bemale.

Gibt es Grenzen dessen, was du darstellen willst?

Darstellung von willkürlicher, exzessiver Gewalt ist mir unerträglich. Ich habe nichts gegen drastische Darstellung, es kann auch richtig deftig werden und wenn es sein muss, darf auch mal Blut spritzen, aber nicht als Folge planmäßiger bewusster Boshaftigkeit. Das ist mir einfach widerwärtig.
Auch Diffamierung und Herabwürdigung anderer brauche ich in meinen Zeichnungen nicht. Dahinter steht immer eine peinliche und letztlich menschenunwürdige Haltung der eigenen Überhöhung.

Abschließend ein Motto deiner Arbeit?

„Wer immer strebend sich bemüht, den können wir erlösen". Und: „Wie sich Verdienst und Glück verketten, das fällt den Toren niemals ein. Wenn sie den Stein der Weisen hätten, der Weise mangelte dem Stein."

Das ist aber nicht von dir.

Nein, von Goethe. Wem sonst?

Sanft Klettern

Hallo Bruder Wanderfalke!

Gleich vorweg: Ich bin aktiver Naturschützer. Ich trenne meinen Müll. Ich vermeide Flugreisen wo ich nur kann. Ich bremse auch für Tiere und zeige ernstzunehmende Symptome von Reue, wenn ich eine Kröte platt fahre. Ich bevorzuge Betäubungsmittel aus nachwachsenden Rohstoffen. Alles im grünen Bereich also, sollte man meinen. Doch ich kann offenbar auch anders.

Wir Kletterer seien, so las ich mehrfach, eiskalte, egoistische Umweltkiller. Wir zerstörten Felsen, rotteten unwiederbringlich seltene Reliktfloren aus und vertrieben vom Aussterben bedrohte Vogelarten von unseren Felsen, so dass sie ihr Brutgeschäft an tristen AKW-Kühltürmen oder Frankfurter Bankhochhäusern verrichten müssen. Hallo? Ich doch nicht! Mein Vater war Hobby-Ornithologe und lehrte mich schon früh, den Gesang des Steinadlers von dem des Zeisigs zu unterscheiden.
Ich mag Vögel, ehrlich. Enten, Gänse und Maispoularden zum Beispiel. Niemals würde ich in der Natur einem von ihnen etwas zuleide tun.

Und erst Bruder Wanderfalke! Sei willkommen, lass Dich ruhig nieder an meinem Lieblingsfels, bekote und verkotze ihn nach Herzenslust, gern gesehener Gast. Und lass die zerfledderten Taubenleichen ruhig liegen, ich mach das dann schon wieder weg. Die paar Monate, die Du zum Vögeln und Brüten brauchst, gehe ich halt woanders klettern. Kein Problem, wirklich.
Ich bin Deinetwegen sogar in die IG Klettern eingetreten und werbe um Verständnis für Deine Probleme. Damit es Dir gut geht. Oder zumindest besser als mir. Und wenn dann mal wieder ein ganzes Gebiet gesperrt werden muss, kein Problem, vollstes Verständnis. Dann setze ich mich halt ins Auto und fahre die läppischen 400 km ins Frankenjura. Für den Naturschutz tue ich das doch gern!

Ron E. Bee

aus Kalifornien

Neben hartem Kraftraumtraining gehört tägliches Bouldern zu Rons konsequentem Trainingsprogramm. Mit einem mickrigen, im Wald versteckten Felslein hat er den idealen Ort für seine Philosophie vom Fingerloch gefunden. Doch der Forst steckt voller Gefahren.

Aha! Er hat seinen Chalk-Bag vergessen! Ich hab ihn gewarnt...
SCHROT

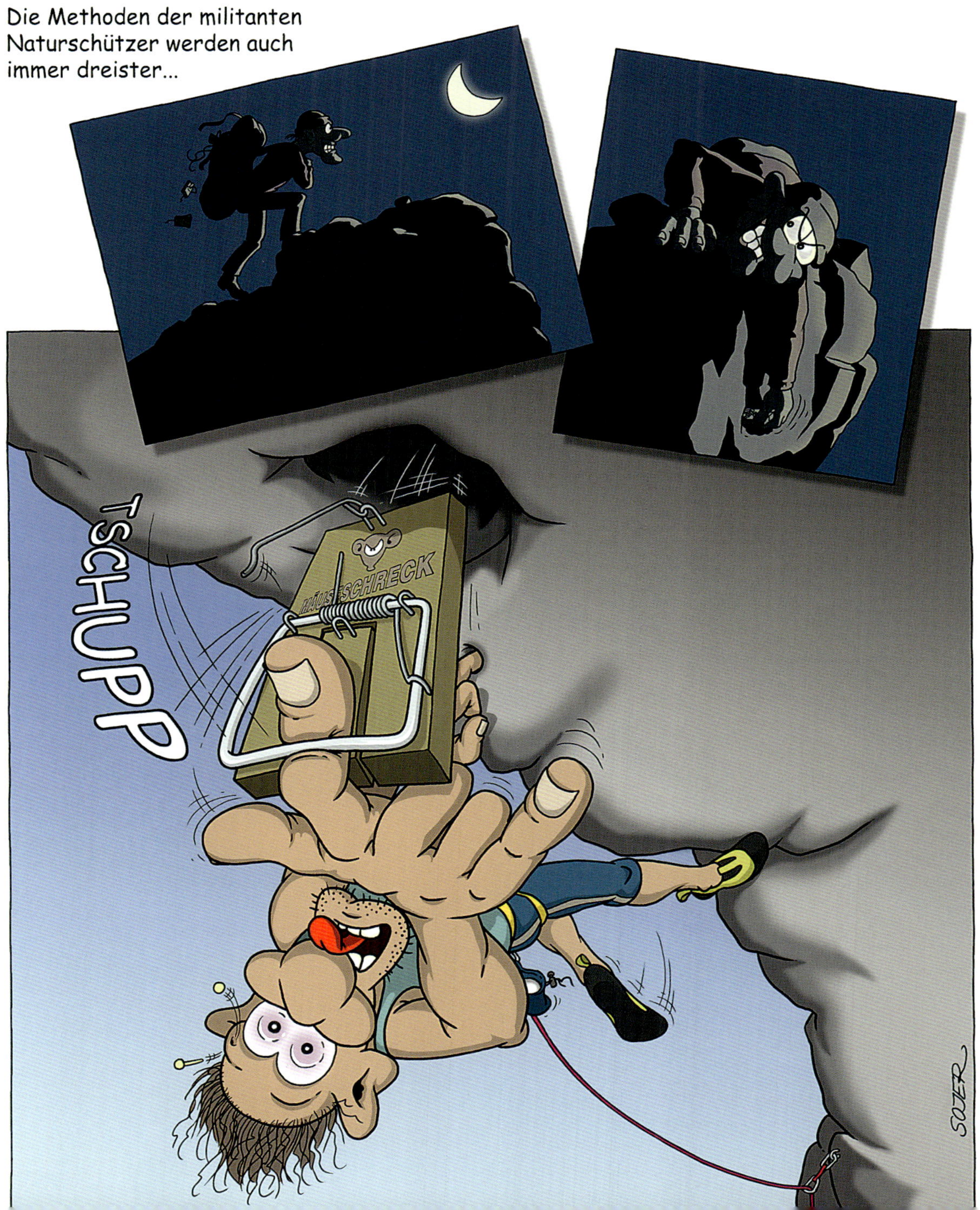
Die Methoden der militanten Naturschützer werden auch immer dreister...
TSCHUPP
SOZER

Frau am Fels

aus mit Bier saufen, rülpsen, furzen!

Frau und Berg – was für ein tolles Thema! Doch niemand scheint sich darum zu kümmern. Nur bescheidene 90 Google-Treffer. Was ist los? Warum gibt es zu diesem Thema keine Bücher, warum ist das nie verfilmt worden? Stoff gäb es doch genug.

Die Siebziger: Nichts! Klettern war Männersache. Bärtige Gesellen, die ungestraft Bier soffen, rülpsten und furzten. Wir durften ganze Kerle sein. Ich sah zum Scheitern verurteilte Versuche, Frauen mit zum Klettern zu nehmen. Wie deutlich klingt mir noch der Satz in den Ohren: „Stell Dich doch mal auf die Füße, Schatz!" Und ich sah die Ehe eines Freundes zerbrechen weil „Schnuppel" – so nannte er sie wirklich – genau das nicht tun wollte.
Die Achtziger: Wir zwängten uns in hautenge bunte Balzkleidung und betonten mit Push-Up-Sitzgurten unsere Männlichkeit, nur um den zu der Zeit erstmals am Fels auftauchenden Frauen zu imponieren. Schau, hier bin ich, der Platzhirsch, willst Du mich mal sichern? Dann darfst Du auch meinen Bizeps anfassen!
Die Neunziger: Ich erinnere mich an das merkwürdige Unbehagen, als Frauen wie selbstverständlich ohne uns Männer zum Klettern gingen. Und überall hochkamen.

Und heute? Wir Männer haben uns an so manches gewöhnt: Frauenwahlrecht, Frauenboxen, ja sogar Frauenfußball sind gesellschaftliche Realitäten. Und machen wir uns nichts vor: Natürlich klettern Frauen schöner, leichter und eleganter als Männer. Und wir Männer haben gelernt, uns an den Felsen zu benehmen. Zumindest wenn Frauen dabei sind. Aber manchmal, ja, da verabreden wir Kerle uns zu echten Männerausfahrten nach Spanien an den Kletterballermann, wo wir all das wieder dürfen, warum wir eigentlich zum Klettern gehen:
Bart wachsen lassen, Bier saufen, rülpsen, furzen. Herrlich!

Reflexe

Ron E. Bee

aus Kalifornien

Ron trifft sich mit Inge, die er vorgestern in der U-Bahn kennengelernt hat und die mit Klettern null am Hut hat, in einer Münchner Szenekneipe. Zum ersten Mal, seit er in Europa lebt, scheint sich wirklich jemand für ihn als Mensch zu interessieren. Ron fasst Mut und erzählt Inge ganz offen von seinem drückenden Problem.

Peter Brunnert hat 1972 als Fünfzehnjähriger mit dem Klettern angefangen, als man noch Brustgurte trug, Stürzen verboten und die Frau eher eine Randerscheinung des Alpinismus war. Obwohl er sich redlich mühte, gilt es ehrlicherweise zu konstatieren, dass er beim Klettern nicht besonders erfolgreich war. Zum Glück zeigte er sich aber nicht bereit, seine Pleiten und Misserfolge allzu ernst zu nehmen, griff zur Feder und verarbeitete sie zu wunderbar selbstironischen Geschichten.
Seine frühen Katastrophengeschichten triefen vor Blut, da platzt schon mal ein Schädel auf oder der Autor schrumpft auf Sandsteintürmen zu Zwergenformat, wenn eigentlich Länge gefragt ist. Seine Satiren hingegen sparen nicht mit beißendem Spott und in seinen glossenartigen Randnotizen zum Klettersport bekommen alle irgendwie ihr Fett weg. Seine Bücher gehören mittlerweile zum Feinsten, was die zeitgenössische Bergsteigerliteratur zu bieten hat.

seit 1978 Publikationen in verschiedenen Klettermagazinen
(der Klemmkeil, Boulder, Klettern u.a.)

Beiträge in diversen Kletter-Anthologien (Poeten des Abgrunds,
Kopf in der Wand, Alles im Griff)

seit 2002 drei Erzählbände mit Kletterstories beim Panico Alpinverlag
Wir müssen da hoch, **Wirklich oben bis du nie** und **Mit alles und scharf**

2010 **Die spinnen die Sachsen** beim Geoquest Verlag